Bagatelles

Jocelyne Villeneuve

Bagatelles

haïkus

Manuscrit de novembre 1989

Édité par André Duhaime

Éditions des petits nuages

Bagatelles

copyright © 2016 la succession de Jocelyne Villeneuve
ISBN : 978-1-926519-21-0

Maquette de la couverture : Luminita Suse
Photo de la page couverture : Luminita Suse
Infographie : Lynda Wegner – www.freshimage.ca

Plusieurs haïkus dans *Bagatelles* ont déjà apparu dans la revue *atmosphères* (le Nordir) ainsi que dans *Haïku et francophonie canadienne* (2000) *Chevaucher la lune* (2001), *Le Poème inachevé : haïkus choisis / The Unfinished Poem : Selected haiku* (2015).

Le haïku "pluie d'avril…" a remporté un prix dans le cadre du World Haiku Contest (1989).

Éditions des petits nuages
Ottawa, Ontario
petitsnuages@bell.net

À Jacques Villeneuve

Jocelyne VILLENEUVE

À la fin des années 1970, j'ai découvert le haïku dans les romans et les poèmes de Jack Kerouac et d'Allen Ginsberg, ainsi que dans les ouvrages de R. H. Blyth et H. G. Henderson.

Coup sur coup, en 1981, alors que je rencontrais des poètes anglophones réunis à Combermere (Ontario), lesquels venaient de former l'association Haiku Canada, je faisais la connaissance de Jocelyne Villeneuve (1941-1998) qui vivait un peu plus au nord, à Sudbury; elle venait de publier le recueil *La Saison des papillons* (Naaman, Sherbrooke, 1980).

Plusieurs haïkus de ce recueil m'ont apparu comme d'excellents exemples de l'appropriation d'une forme poétique japonaise, une appropriation faite non plus par des célébrités, mais par une poète contemporaine écrivant en français. Je découvrais une poète qui avait trouvé une forme pour saisir l' « instant ».

Pique-nique. La fourmi
sur la nappe quadrillée disparaît
dans un carreau noir.

Couleurs de l'été
mêlées aux cris d'un enfant
qui n'est pas le mien...

Par la suite, nous avons continué à correspondre. Jocelyne Villeneuve a publié un deuxième recueil, *Feuilles volantes* (Naaman, 1985); ces nouveaux haïkus poursuivaient son expérimentation d'exploration et d'expression poétique brève.

Au fond de la mare,
des feuilles dorées se posent
entre les nuages.

Le geai s'envole...
La branche où il était perché
continue de vibrer.

Un jour, en 1989, elle m'a fait parvenir le manuscrit *Bagatelles*, pour lequel elle cherchait un éditeur, les Éditions Naaman (Sherbrooke) ayant fermé leurs portes, elle avait pensé le soumettre aux Éditions Asticou (Hull) qui, malheureusement, allait faire de même quelques mois plus tard. Le manuscrit, dont certains extraits ont paru en revue, est resté inédit jusqu'à ce jour.

Bibliothécaire puis journaliste et auteure (poèmes, contes, nouvelles) d'ouvrages tant adultes que pour la jeunesse, Jocelyne Villeneuve, pionnière franco-ontarienne dans le domaine du haïku, l'était également dans le domaine de la littérature jeunesse.

Bilingue, elle a publié des ouvrages en français et en anglais, notamment chez Penumbra Press, maison d'édition qui a publié *Marigolds in Snow* (1993) son troisième recueil de haïkus.

> Labor Day
> back from the cottage
> June on my calendar

> In the snow
> leading to the mailbox
> no footsteps

En 1996, je l'ai contactée pour le projet web *Haïkus sans frontières* et de nouveau, quelques mois plus tard; lorsque les Éditions David ont accepté de publier *Haïkus sans frontières, une anthologie mondiale*. Elle a donné son autorisation de publier ses haïkus. Elle est décédée le 8 mai 1998, sans avoir vu l'ouvrage qui allait paraître à l'automne suivant.

Le manuscrit, longtemps inédit, est enfin publié! On y retrouve des haïkus comme ceux que j'avais admirés. Certains haïkus sont plutôt dans la veine du « saisi sur le vif »,

> Le vent a secoué
> le chêne chargé d'eau –
> la pluie après la pluie.

D'autres sont teints d'humour :

> Sur le coin de la rue
> un Père Noël attend
> le feu vert.

Et d'autres ont une trace de mélancolie :

> Réveillon –
> Seul dans le fond de la cour,
> le bonhomme de neige.

On en retrouve dans une veine plus poétique :

> Le vitrail…
> La neige s'est enflammée
> de l'autre côté.

Les enfants, chers à Jocelyne Villeneuve, lui sont toujours une source d'inspiration :

> Les noces.
> À sa fille, le père donne
> une dernière poupée.

Grâce à Mike Montreuil, directeur des Éditions des petits nuages, qui a publié *Le Poème inachevé : haïkus choisis / The Unfinished Poem : Selected Haiku* (2015), l'œuvre de Jocelyne Villeneuve est enfin accessible aux lecteurs et lectrices d'aujourd'hui.

André Duhaime

Printemps

La fonte des neiges…
Là-haut, les outardes caquettent
en ramenant le printemps.

Le gelée blanche –
Les oisillons ont-ils survécu
à leur première nuit?

Les pluies d'avril
aux rumeurs de la débâcle :
oh, mais après…

Pluie d'avril –
Les parapluies s'allument…
s'éteignent.

La fin de l'ondée…
Doucement la brise assèche
les nouvelles feuilles.

De bourgeon en bourgeon
et de feuille en feuille
le printemps me revient.

Regardez…
Les chatons sur la branche
parlent du printemps.

Un seul coup de soleil
a repeint
ma maison.

Le chant de l'alouette –
La corneille s'envole
vers le ruisseau.

Le printemps est arrivé :
des bateaux de papier sautillent
dans les rigoles.

Symphonie d'une matinée –
Les rouges-gorges vont danser
sur le gazon neuf.

J'ai balayé hier…
Aujourd'hui les fleurs du lilas
jonchent le sol.

Le parfum des fleurs!
Un lièvre a fait halte
près de la muraille.

Au fond du jardin
le cerisier a fleuri –
Les voisins oublient leurs différends.

La jeune fille
enfile sa robe de satin –
Le lys de Pâques.

Vêtu de ses salopettes
le jardinier, tout honteux, regarde
les safrans endimanchés.

Noces

Les noces.
À sa fille, le père donne
une dernière poupée.

En route…
La voiture de la mariée
perd sa couronne.

Été

Le chant du coq –
J'entends la voix du monde
trois fois… perçant l'air.

Dans les premières lueurs du matin
de magnifiques hérons bleus
déploient leurs ailes.

Café du matin
au glouglou aromatique…
Un huart appelle.

La pêche aux étoiles
que le jour a attirées
au fond du ruisseau.

La goutte de rosée…
Reflet fidèle de l'étoile
la plus éloignée.

Des noces d'oiseaux…
Quand les étés se marient
en des chants ailés.

Le bourdonnement –
Le régiment de fourmis
s'en va à l'assaut.

Les fraises des champs…
Une vipère se glisse en zigzags
dans l'ombre rouge.

Des flaques de ciel
mouillent les eaux d'azur
où volent les poissons.

Je bois sans crainte
au creux de mes mains réunies
l'eau saine d'un rêve.

Au loin, un canard,
ses petits sur le dos :
Trois fois passera.

La colère du matin –
Des petits poissons torpillent
les joncs et les algues.

La truite bondit.
Son profil a brouillé l'eau claire
de cercles dorés.

Des mouettes brillantes
aux ailes empesées de lumière –
Des instants suspendus.

Deux chants confondus :
la voix du ruisseau perdue
dans la cascade.

Vertige…
Un vieux sapin enraciné
au bord de l'abîme.

Rêves de juillet
aux neiges encore plus blanches
qu'en janvier.

Au vol, un oiseau-mouche
bat les ailes du silence
à la mesure d'un autre temps.

Tige ornée
d'une boucle transparente?
La libellule s'envole.

Sur la mousse
une pluie
de pétales.

Un papillon-roi
au repos dans ma corbeille –
Chut! Partie remise.

Tombée du jour :
les insectes cri-crient
tout ce qu'ils savent.

Pleine-lune…
L'enfant aurait-il lancé
son ballon trop haut?

La lune regarde –
Les amoureux se cachent
derrière le bosquet.

Quelle sera la couleur de la chambre
où nous ferons l'amour
pour la première fois?

Automne

Été ou automne?
Près de l'île, un héron
en point d'interrogation.

Les guêpes d'or butinent
une dernière et dernière fois
avant de partir.

Fête du Travail –
Une avalanche subite
de cocottes.

Le ciel s'attriste :
ma main armée de ciseaux
a coupé la rose.

Que viennent les neiges…
J'ai vu hier le pourpier
tout en fleurs!

Feu de forêt?
Les montagnes embrassées de feux
que la pluie n'éteint pas.

Après les moissons…
La lune et l'épouvantail
sont seuls dans les champs.

Soleil d'automne –
La mouche s'est affolée
entre les deux fenêtres.

Le calme de l'étang –
Une branche morte se dresse
en col de cygne.

Un geai preste
vif comme le vent d'automne
réclame son territoire.

Chiffons au panier...
Et le chêne qui jette ses feuilles
une à une à une.

Sous le soleil faux
de la Saint-Martin,
l'oiseau est resté.

Le vent taquin
chasse les feuilles…
C'est à mon tour.

En de rondes folles
les feuilles s'amusent avec le vent.
Les enfants au jeu.

Le vent est passé –
Les ondes de feuilles remplissent
la gouttière.

L'ermite s'endort.
Au-delà des nuages qui passent
la lune persiste.

Le vent a secoué
le chêne chargé d'eau :
la pluie après la pluie.

Le gazouillis du ruisseau –
Un pin a percé la lune
et le retient là.

Qui frappe dans la nuit?
Les jalousies détachées
cognent à la maison.

Promenade d'automne.
Une perdrix effarouchée
reprend son envol.

Le vent
qui traverse les arbres
sait tout de mon cœur.

Baptême

Le nouveau-né
sourit pour la première fois.
La petite sœur applaudit.

Le nouveau-né
renferme son poing
sur le doigt de l'aînée.

Les yeux rivés au hockey
le père
plie les couches.

Pour le baptême
le vieux châle
retiré du coffre de cèdre.

Dans le bol de cristal
du soleil dans l'eau
sur l'autel.

Pendant la cérémonie
le nouveau-né fixe
le vitrail.

Retirée à l'écart
la mère allaite
son enfant.

Après la cérémonie
les invités se dispersent :
l'odeur des cierges éteints.

Un cerf-volant
traverse
le soleil couchant.

Noël

Les cartes de souhaits et
les voix des enfants
que l'on n'entend pas.

Dans la foule vivante
aux visages sans nom...
Une amie retrouvée!

Sur le coin de la rue
un Père Noël attend
le feu vert.

La nuit de Noël…
Les enfants que l'on croit endormis
rêvent, appuyés à la fenêtre.

Un enfant à l'hôpital…
À la maison, la poupée
fixe le vide.

À minuit, on frappe…
Les lumières joyeuses naissent
aux fenêtres.

Çà, *bergers, assemblons-nous.*
Dans le ciel une étoile
soutenue par une antenne.

Nuit de Noël :
La ville illuminée oublie
de s'endormir.

Là-haut
au-dessus du mur de réclames :
une étoile.

Réveillon –
Seul, dans le fond de la cour,
le bonhomme de neige.

Dans les coins, sous l'arbre
partout des jouets...
Mais les bas sont trop petits!

Noël à la gare :
un couple s'embrasse
sous mille regards.

Au lendemain des Fêtes…
Ventre dodu, le bonhomme de neige
ne pense pas au régime.

Pêle-mêle dans le bac
quelques crèches que l'on vend
à rabais.

Le cardinal des neiges :
l'éclat rouge de son vol
colore la blancheur.

Des souris et des mulots
furètent la blancheur.
La faim en hiver.

Les mots de la nuit…
Les lueurs de la bougie
animent la page blanche.

Le feu grille ma joue…
La bûche dans le foyer
se range d'elle-même.

Hiver

Soudain à l'aube
je m'éveille au silence
de la première neige.

Des limailles glacées
aimantées au vitres
tirent... m'attirent.

Le vitrail...
La neige s'est enflammée
de l'autre côté.

Semence de froid.
Moisson de glace et de neige.
Récolte de blanc.

La neige au jardin
L'épouvantail a vieilli :
regardez ses cheveux blancs.

Sous la neige épaisse
les arbustes ont disparu.
La route s'allonge.

Le sentier battu
me conduit à la boîte aux lettres
et m'emporte ailleurs.

Les roses sommeillent
sous la paille du treillis.
Des épines bercées.

Patatras!
Un quartier de neige
a dégringolé du toit.

Des enfants se bousculent :
boute-en-train que l'hiver
n'apprivoise pas.

www.ingramcontent.com/pod-product-compliance
Lightning Source LLC
Chambersburg PA
CBHW071748040426
42446CB00012B/2499